Gisela Steineckert   *Liebesgedichte*

Gisela Steineckert

Liebesgedichte

Für Wilhelm
in Liebe und meiner engsten Verbundenheit

Die Schönste bin ich nicht
oft nicht die Klügere
andre sind jünger

und hab das volle Maß gehabt
das nicht vor Schönheit kniet
das nicht nach Klugheit geht
das kaum auf Jugend fällt

habe verlassen wurde verlassen
die Ehrlichkeit preisend
log ich und wurde belogen
nahm was ich kriegen konnte
ließ liegen was mir zugestanden hätte
gab zurück wenn man mir antat
nichts war mir ferner als Gerechtigkeit
das Schöne hab ich hochgespielt
das Hässliche verborgen
ob vorm Spiegel
ob im sogenannten Leben

Ich wollte daraus meine Lehren ziehn
ach was
wer so lebt, der welkt
Lieben muss man
die Schönste sein
klüger werden
und jünger, je älter man wird

Es gibt Magnolienbäume
vor dem Sitzungssaal
blühende Linden
verheißungsvolles Kirschengezweig
Bäche, noch verschont
darin Streichelsteine für lange Beratung
gibst ihnen Wärme
birgst sie, wenn du dich nicht bergen kannst
Kastanien
unvergessliche Erinnerung
aber du weißt nicht mehr, woran
es gibt noch mich
die sich erinnern kann
und manchmal will ich nichts sein
als ein Streichelstein

Telegramm an mich

durchwärme dein blut mit der nachricht die liebe findet statt
heb auf das verbot der sehnsucht denn ohne sie lebt kein blatt
gibt deinen geschlossenen augen meine ankunft bekannt
bekenne du dein verlangen und halte dem meinen stand

Eine Stunde Warten

Sechzig Minuten meines Lebens
und ich sehe
den Kirschbaum meiner Kindheit mit abgeschlagenen
                                         Zweigen
jene unendliche Strecke leidvollen Unwichtigseins
                                         unerkannt
mit niedergeschlagenen Augen in Scham erstarrt und
                                         Furcht
Sehnsucht nach der Zärtlichkeit mit den unanständigen
                                         Namen
Hunger nach Durchdrungensein
Schenkel, Mund und Gedanke
Wer immer mich gesucht hat und verfehlte
Ich bin ich, als wäre nichts geschehn
Steig in die Tiefe
mein Geheimnis nimm hin wie das Rauschen der Muschel
die du zerbrechen kannst, aber nicht ergründen
und doch, steig in die Tiefe
leg deine Hände auf meine Haut bis unter meine Haut
dring ich mich ein, als wärest du auf meiner Spur
glaube, dass du besitzen kannst
Augen, Hände, Mund und Schenkel und dieses Hirn
öffne mich, tu mich auf, tu dich mir auf
hol mir die Zweige an den Kirschbaum
erkläre das Kind in mir und heile mich
damit ich dich heilen kann

Da stand am Alex noch der Georgenkirchplatz
da stand noch auf dem Georgenkirchplatz
der ausgebrannte Turm
da stand ich im Haus Nummer neun
hinter der Scheibe
da war Stromsperre, aber der Mond, ausreichend
zeigt, Günter Meier kommt aus einer Ruine
klopft einer den Rock ab
die malt sich die Lippen, kämmt sich
glättet ihm die blonden Schnittlauchhaare
ER GEHÖRT MIR
ICH HABE IHN ABGEWIESEN
meinetwegen wollte er sich umbringen
mir hat er seine Liebe gestanden
Blumen geschickt
Brotmarken geschoben für das Geld
achtzig Reichsmark haben die Chrysanthemen gekostet
und ich hab sie mit einer schnippischen Bemerkung
und dem Gefühl, in Ohnmacht zu fallen
in eine Vase gestellt
Günter Meier, erkenne ich im Mondlicht
hat die Absicht, zu leben
Günter Meier kommt geküsst aus einer Ruine
die viel später abgetragen wird
leider nicht in jener Mondnacht sechsundvierzig
als ich fünfzehn war
Günter Meier abwies
und mich erkannte als ersetzbar

Nachts liege ich nackt unterm wechselnden Mond
mit offenen Augen und wehrloser Haut
und dem Treibholz der Erinnerung

Ich lasse es mit dem Zeitfluss abwärts schwimmen
vorbei an meinen wägenden Blicken
oft tauch ich unter und wieder auf und bringe ans Ufer
ein Stück modernder Leblosigkeit
um zu betrachten
was mich hat wärmen können
ein halbes Leben lang

Manches werfe ich angeekelt fort
anderes wasch ich mit Tränen
liege so da unterm wechselnden Mond
schlaflos und mit unruhigen Pulsen
und durchforste die karge Glückseligkeit
die ein halbes Leben lang das halbe Herz mir füllte

Rechne ab mit Tun und Untat
wer bin ich denn, dass ich Zensuren geben könnte
an jene und an mich, die wir die Schuld uns teilen
mir tat man nichts, wozu ich mich nicht hergab
und die gestorben sind um mich, die leben glänzend

Ich spreche über sie kein letztes Wort
nur über mich hab ich mit mir zu reden
so oft ich liege unterm unbelebten Mond
wenn nicht dein Atem da ist und nicht deine Hand
und die vertane Nacht durch brüchiges Gewebe
vergeblich ihre Sterne schimmern lässt

Am ersten Morgen hab ich dir gesagt
trink deinen heißen und starken Kaffee
iss vom hartgewordenen Brot
und tu mir nicht weh
lieber tot sein als
son Mann am Hals
der ein' erst durchs Heiß' und Kalte hetzt
und hinterher verletzt

Ich weiß nicht, wie lang ich gewartet hab
dass ich einen krieg, dass mich einer nimmt
mit dem mal alles stimmt
ich mein, auch an mir
so wie mit dir
aber lieber gar keins als
son Glück am Hals
das in der Hauptsach aus Angst besteht
und sowieso vergeht

Und nun, Mann, glotz mich nicht so an, hab ich
hätt ich eigentlich gern gesagt
aber ich hab bloß dagesessen
an diesem dämlichen harten Brot genagt
und den Kaffee vergessen

Gestritten, gehofft, getanzt
lass stehn, lass gehn, oder nimm
November und Regen, doch deinetwegen
war alles halb so schlimm

Gewartet, gewährt, vertan,
die roten Schuhe zertanzt
Dank brauch ich keinen, ich geb dir den meinen
nun geh doch, wenn du kannst

Gefunden, verlorn, verlacht,
November fällt mir vor die Tür
in weißen Kristallen, ich hör, wie sie fallen
die ich in mir selber spür

In jedem Moment
wo mich einer geküsst hat
wo mich einer begehrte
hab ich gelebt
ein wenig mir näher als sonst

Aus Kuss und
tiefer und törichter Lust
wuchs der Wunsch
noch einmal zu beginnen
und sich alles besser zu verdienen
was man beim ersten Mal geschenkt bekommen hat

Wahrhaftig, ich wäre jetzt alt genug
um mit Vergnügen jung zu sein

Fallen
noch einmal, Eiswein kommt von erfahrenen Trauben
weg von allen
hin zu dem einen
auf Treu und Glauben

Ein altes Lied erzählt:
Der Jüngling ist ertrunken,
die Jungfrau hingesunken,
im Tod mit ihm vermählt.

Ich kenn das alte Lied …
Wärst du zu mir geschwommmen,
ich hätt ein Boot genommen
und wär zu dir gekommen,
damit dir nichts geschieht.

Und bin kein Königskind.
Ich hab zu früh gesungen,
dein Herz ist nicht zersprungen,
die Kerze löscht der Wind.

Das ist so lange her
und als obs eben wär
dass es einer widerfährt
Fortgegangen
zu der andern
nicht wiedergekehrt

Ich muss erst gehen lernen wieder
ich muss erst wieder auftaun
vertrag noch keine leisen Lieder
ich muss mich erst wieder aufbaun

Ich muss dich erst ansehn lernen
noch fühl ich mich zerschunden
ich muss so viel an mir entfernen
noch hab ich mich nicht gefunden

Ich muss erst mal zu Ende denken
ich brauche Zeit und Stille
noch müsst ich mir die Hände lenken
für Zärtlichkeit reicht kein Wille

Wenn wir jetzt zusammenzögen
da stimmts höchstens in der Küche
ich muss mich erst wieder mögen
sonst gehts mit uns in die Brüche

Ich muss erst gehen lernen wieder
ich muss erst wieder auftaun
vertrag noch keine leisen Lieder
ich muss mich erst wieder aufbaun

Im Wasser liegt ein Stein
den ich am heißen Tag verlor
wer findet ihn, wer taucht nach ihm
wer holt ihn sich empor

Und wer trägt dann den Ring
mit deinem roten Stein
er hat für mich kein Glück gebracht
mag er versunken sein

Im Kasten lag ein Brief
den du an mich geschrieben hast
ich les ihn und begreif ihn nicht
ich spüre nur die Last

Im Dunkeln liege ich
und bin nach einem Jahr allein
nur wenn ich schlafe, tauch ich tief
nach meinem roten Stein

Ich lege mich nieder
um von dir auszuschlafen
ich benutze meine Stimme
um dich nicht zu erwähnen
es gibt dich nicht mehr
übe ich
morgens und abends
fürchtend, dass ich mir nicht glaube
der Traum zeigt mit Fingern auf mich
die sich da preisgibt, bin ich

Ich, mich wähnend hinter einer Betonwand
sehe zufällig deine Hände
höre von Weitem deine Stimme
und erkenne meine Barrikade
als Seidenpapier

Während ich die Tränen
an seiner Schulter vergoss
so geschickt, dass ich kein Wimpernschwarz hinterließ
aber den Unterschlupf genoss
während er zwischen meinen Schulterblättern
tätschelte wie auf den Hals von einem großen Ross
hätte ich mich auch schütteln können vor Lachen
weil ich mich fühlte wie ein Spottdrosselchen von der Marlitt
oder wie ein ungefüger Drachen
Stand ich da in hochhackigen Schuhn
weg damit, kleiner sein, aber unbemerkt war das nicht zu tun
und ein Bett war da, in dem hatte ich noch nie gelegen
ich weinte ihn zum Felsen hoch und lehnte
unscheinbar dagegen
selbst auf nackten Sohlen
war das nie mehr einzuholen
während ich weinte, hab ich dies alles schon gewusst
und dennoch stieß dieses Weinen herauf und wollte an seine
                                                              Brust

Damit fing es an, und damit hört es auf:
mit einem schwerfälligen Bekenntnis.
Dazwischen blumige Blicke und Streit bis aufs Messer
Kampf um das bessere Ich, immer im andern
alles und jedes im Übermaß
das Wort Ewigkeit zu klein, Größeres musste her, also:
Ich habe für dich gekocht
und mich geändert
Lieben kann man zwei, verliebt sein nur in einen
ich war in dich verliebt und töricht auch

Es gab Momente, da du mich liebtest
wenn ich den Mund hielt und
dich aussprechen ließ
Ich habe dich geliebt
Das machte mich leiser
Ich stand zurück
So kam der Anfang vom Ende
Ich hätte mehr von mir behalten solln
dann hätt ich dich behalten

Stießen die Vögel
mit ihren Krallen
von meinem Himmel
auf mich herab
kam soviel Regen
Schnee sah ich fallen
seit ich dich nicht mehr
neben mir hab

Stürzten die Bäume
in mir zusammen
hatte die Sonne
ein kaltes Gesicht
wärmte mich nicht mehr
mit ihren Flammen
seit unserm Abschied
wärmt sie mich nicht

Stürzten die Bäume
stießen die Vögel
hatte die Sonne
ein kaltes Gesicht
wärmte mich nicht mehr
mit ihren Flammen
seit unserm Abschied
wärmt sie mich nicht

Nichts ist so bitter wie nicht geliebt zu sein
Erfinde mir keinen Trost, den hab ich andern auch erteilt
Nichts tröstet Liebe, die nicht erwidert wird
zur Peitsche wird die verbliebene Freundlichkeit
Um sechs Uhr morgens wärmt mich das Meer nach der
                                    Kälte der Nacht

Frage mich, und ich sage dir:
Dorthin und so niemals wieder
Frage mich, und ich sage dir:
Weil ich noch leben will
ich
zuckendes Herz unter rastloser Nadel
demütig und nicht geliebt
lehne mich dennoch an deine Schulter
und beinahe schon bist du es nicht mehr
unter der Schminke grau vor Mut bin ich:
Ich, ungeliebt, hab es noch einmal versucht
Das hat sich gelohnt

Zurückgekehrt bin ich zu einem

den ich nicht mehr liebe
und verließ um seinetwillen
den ich nicht aufhören kann zu lieben

Krank vor Heimweh bleibe ich

Angefüllt bis zum Hals mit Gleichgültigkeit
und schlimmeren Gefühlen
versuche ich zu töten was in mir lebt
und sich nicht töten lässt

Nun fragt mich der

den ich nicht mehr liebe
warum ich seine Nähe nicht suche
nicht aufleuchte wenn er kommt
warum ich die Hand auf meiner Schulter
nicht ertragen kann

Ich müsste sagen:

Meine Lippen schließen sich von selber
meine Sätze sind spindeldürr
die Arme hängen mir herunter
ich weiß keine Geste der Liebe mehr

Aber ich sage es nicht

Linkisch stehe ich vor jedem Ansturm
und flüchte mich in Grausamkeit
Bei dem zu sein den ich nicht mehr liebe
macht mich hungrig und böse

Bleib wo du bist
Aber
komm in den Nächten
wenn die Sichel des Mondes
durch meine Hoffnung geht

Heu, Liebster, duftet
viel stärker als Gras

Bleib wo du bist
Aber
komm in den Nächten
wenn die Sichel des Mondes
die Wurzeln trifft

Bleib wo du bist
Aber
komm in den Nächten
wenn die Sichel des Mondes
aufblinkt. Weil ich sterbe
wenn du dann nicht kommst

Wär ich auf dem blauen Bild von Chagall
jene, die unterm Junizelt
himmlisch ihre Zeit vertut
oder küsst oder sanft unterm Kuss des Geliebten
eine Epoche lang ruht
wär ich jene, die mitten im Himmel schwimmt
mit dem sanftesten Fisch aller Weiten
der alles zuteil wird, so dass sie es nimmt
und lernt, Einem Welten zu breiten
Wäre ich auf dem blauen Bild von Chagall
irgend entfernt doch gemeint
gezählt unter sehnsuchtsvoll Männer und Fraun
sinnlicher, als es dem Fremden erscheint
waghalsig würd ich kopfüber mich traun
ganz ich zu sein im unendlichen Blaun
Läg ich auf dem blauen Bild von Chagall
nahe dem singenden Fische bei
wär ich ein Weibkind mit buntem Ball
und endlich unendlich mein denkend frei

Das war damals
als ich den Cornet auswendig wusste
und das Buch bei mir trug
als ich die weiße Fahne sein wollte
der schmale Jüngling
und die Gräfin

Vorbei
dass meine Seele im fremden Atemhauch
wie eine Schaukel schwang
vorüber, dass ein Streicheln genügte
wenn Ernst durch das Spielhafte drang
lang her, dass einer die mangelnde Liebe
geschickt mir aus den Ganglien sang
wann wars, dass die Härte mich traf und ich log
als ginge ich leicht und unbeschwert
ihn also und mich selber betrog

Hol dir ein Glas
gieß ein
schneide das Brot an
den Käse, Schinken
nimm meine Bücher in die Hand
dann setz dich her
und lass uns einander
alles verschweigen

War Dämmern oder Helle in der Straße
war Schweigen oder schrillte ich dich an
wer gab da Auskunft, wer gab wem die Maße
an denen man sich nachher messen kann

Woher wohin mit all dem Wolln und Sehnen
so lachend und mit Ahnung spätrer Tränen
woher wohin mit all den Lebenszeichen
die sich am Anfang gleichen

Woher wohin mit Narben und Gedanken
darin wir sicher sind und dennoch schwanken
woher wohin mit Arten von Erfahren
die sich am Anfang paaren

War Zartheit oder taten wir das Grobe
wer gab da wem ein Hoffen mehr voraus
die Emsigkeit, einander schön zum Lobe
die setzte Stein auf Stein für welches Haus

Woher wohin mit all den weisen Paten
woher wohin mit all den dummen Sprüchen
das Herz, versehrt von frühen Attentaten
hat Angst vor Eid und Brüchen

Ich treffe den, der mich geliebt hat über Jahre
und Jahre ist es her seitdem
Händedruck und Finger um die Arme und Kuss auf beide
Wangen
Wie ist es dir ergangen, bist du mir noch böse
Ich sehe, er weiß es nicht mehr so genau
Warum wir uns liebten und ob überhaupt
hat vergessen den Anfang und den Anfang vom Ende
und wer da schließlich wen an Land stieß
Ich sage: Vergeben und vergessen
und mache mich beseligt aus dem Staub
Fort von einem, der von einer andern kam
und mich weckte, um sich genießerisch anzuklagen
Fort von einem, der mir ein Gelächter missgönnte und
einen neuen Tanz
der mich abschob, wenn ich fror
der mich lobte, wie man eine Idiotin lobt
der mich düster anstarrte, wenn er mich schön fand, weil es
ihn gefährdete
alles gefährdete ihn immer
meine Lieder, meine Gedanken, meine Brüste
Fort von einem, der mir die Kinder überließ und die
Kohlen im Keller
und die Mahlzeiten viermal am Tag und Krankheit und
Schularbeit
und das alles war nichts, war Elfenreigen, die blanke
Mühelosigkeit
gemessen an seiner Seele, die gefüttert,
gepäppelt, gelobt, geschont und gefordert werden wollte
Dazu war nötig: meine Frische am Morgen, meine Aus-
dauer am Mittag
mein Leisesein am Nachmittag und meine rechtzeitige
Müdigkeit am Abend

wenn er forsch aus dem Haus schritt zu wichtigen
Terminen
mit Wein in der Aktentasche und Schokolade unterm
Mantel
mit frischen Socken, duftend nach For Men
Wie schön, dich mal zu treffen
den Rest des Abends tanze ich ums Feuer

Ich hab ihr nicht wehtun wolln
hätt ihn also fortschicken solln
Er kam zu mir so abgebrannt
und hat sich danach kaum wiedererkannt
war erneuert bis auf den Grund
Dass ich seither keinen andern brauch
das ist die Wahrheit, das ist sie auch

Das mit uns
mach das nicht nebenbei
ich steh das nicht noch mal durch
nicht noch mal soviel dummes Zeug
soviel Hauptsache, jeder sorgt für sich
soviel was wird, kann keiner wissen
ich hab das hinter mir
ich steh das nicht noch mal durch
soviel man darf sich nicht überschätzen
bloß nichts überstürzen
erst mal sehn
erst mal das Geld
erst mal Sicherheiten
soviel dreiste Unverbindlichkeit
das steh ich nicht noch mal durch
ich kenn das viel zu genau
nicht noch mal soviel Eitelkeiten auf beiden Seiten
soviel ich hab schließlich das gleiche Recht
und das meint immer: mehr
das steh ich nicht noch mal durch
soviel ich weiß ja selbst nicht, was mit mir los ist
was heißt denn hier Liebe
erst mal sehn, erst mal probiern
erst mal bist du mir denn auch immer treu
so viel Unklarheiten
dass man sich auf nichts verlassen kann
das steh ich nicht noch mal durch
nur nicht: am Ende kommts ja doch anders
Worte obendrüber
den Fuß immer in der Tür
jeder macht seins
jeder macht keins
Komplicen für eine absehbare Zeit
das steh ich nicht noch mal durch

Du hast eine Chance für Glück
die kommt nicht als Postwurfsendung
keine schöne Versprechung beim Licht der Kerze
es und du, schwierig genug
beide geprägt von vorher
aber Glück noch der schmerzliche Dialog über Nichtglück
die Chance heißt Treue ohne Schwur und Garantie
lässt sich ganz zeigen mit allen Narben und Alterungen
mit allen unberührten versteckten Stellen
Hergabe der Verweigerung und wir probirn es
das wächst langsam ist nicht verfilmbar Liebe ist
grundnüchterne Arbeit vor allem gegen eigne Illusionen
die träumen die Sache zu klein

Noch eine Neugier
erfüllt mich ganz
pocht mir in den Fingerspitzen
holt mich ohne Erschrecken aus dem Schlaf
Noch eine Neugier
lockt mir die Kehle zum Lachen
Ach, so lebe ich also
könnte noch mal Pflöcke in die Erde schlagen
anfangend wieder mit einer Ungewissheit

Hab keine Angst vor mir
Um deinen Atem bin ich mehr besorgt als um den meinen
meine Arme, wenn sie eine Wiege sein solln, werden sich
                                                                            finden
oder auch nicht, wenn dies dich mehr umtreibt als alles
Ich bin so stark, dass ich alles unterlassen kann
und bin die Erde, die sich nicht wehren kann gegen Bewegung
bin die, die sich nicht wehren will

Einmal überfiel mich die Trauer
dass wir vertan sind füreinander ganz und gar
hier ist die Stadt, in der du Kind gewesen bist
ich habe dich geliebt, sehr feig und klein
wär ich wie Ruth dir nachgegangen
oder hätt dich losgerissen
statt bleich herumzuhängen
und zu warten
geendet, und die Lieb war nicht gelebt
zu dumm, zu jung, zu unerfahrn
zu unberaten auch
denn nachher hab ich ihn ja hergenommen
und wusste nichts und lernte alles
und ließ ihn leben, dass ich mit ihm lebe
wir aber waren nicht zu jung
die Liebe war nicht groß genug

Ich leugne die angefaulten Äpfel
und schwärme vom Flieder
was heißt:
ich träume oder schwanke
kein Flieder da
ein Gedanke

Woran wird man sich erinnern
eines Tages, wenn man von den Zeiten
vorher lebt?
Woran kann man sich noch halten
wenn sogar die eignen Falten
wohlverdient geworden sind
wird man den ersten Schmerz in sich noch wiederfinden
kann es sekundenlang sein
als ob wir beide uns
gegenüberstünden

Wird man um ferne Freunde trauern
die alt und fett geworden sind
oder vielleicht klüger
straffer, größer
als wir selber
und alles andre als blind
In welchem Bett
lagen wir beim dritten Mal und wie wars doch gleich
haben wir was andres gedacht dabei
oder wars der einzige echte
unwiederholbare Schrei

Woran wird man sich erinnern
wenn die Beine und zur Nacht die Augen
nicht mehr wolln?
Werden wir uns von der Liebe
unsrer Kinder dann was holn
sind die Enttäuschungen dann endlich abgeschlossen
die man den anderen macht
sind dann die Tränen
endlich vergossen

In welchem Bett
klagten wir uns ein Leid, welches wars doch gleich
gibts dich noch und wo könnte ich dann sein
sind wir dann zusammengewachsen
oder verflucht und allein

Komm
an meine Stirn leg mir deine Stirn
ich bin gekränkt und verletzt
vielleicht kann mich Trost durchdringen
wie leises Singen
von einer
die grade Bäumchen setzt
die soll nicht fragen, woher es ihr geht
durch ihren verliebten Sinn
sind meine Worte, leben mit ihr
irgendhin

Die leeren Bäume
rührn mich an
als ob ich etwa morgen schon
grad so arm sein kann

Die braunen Felder
dauern mich
ich warte auf das neue Grün
oder meine mich

Die alten Sprüche
sind nichts wert
sie sagen auch das Gegenteil
wenn man drauf hört

Noch länger warten
kann ich nicht
da geht zuviel von mir verlorn
auch die Stille spricht

Vor deiner Liebe lauf ich
soweit die Füße tragen
es ist eine Liebe ohne Antwort
eine Liebe nur aus Fragen

Manchmal schon
hab ich Hunger Durst Sehnsucht
ein schmales junges Reh zu sein
gejagt von Versprechungen
missdeutet und begehrt
Manchmal schon denk ich
nackt, braun, am Strand
wo die Füchse schnüren rings
um die schmale Delle im Sand
wo man dich kenntnislos verehrt
wo ich läge mit nichts beschäftigt
als was und wen ziehe ich an
eine Stunde Zeit für wippende Zehen und Wimpern
Manchmal erinnere ich mich daran
das war in einem andern Leben, Seite vier

Diese Sekunde
als ich nach deiner Hand griff
bescheiden
Sichere Geste gewohnt
hast du sie übersehn
so viele Schritte auf Mondland
wie soll ich zurück

Einmal möchte ich wie damals
tanzen gehn am Samstagabend
aufgeregt und unerhört allein
gelbe Brause trinken
und voll tödlicher Verlegenheit
fast in den Boden sinken
und von Kopf bis Fuß
noch einmal fünfzehn sein

Einmal möchte ich wie damals
dass mir alle Worte fehlen
solche, wie die Musiker sie schrein

wieder nach dem Mond sehn
und der Kuss, so linkisch
dann stolpern beim Davongehn
und von Kopf bis Fuß noch einmal fünfzehn sein

Meinetwegen spielt dann ruhig einen neuen Tango
oder einen schönen satten alten Beat
aber spielt für mich das schönste Liebeslied

Wo bewahrt man alte Laute
wo nur kommt verblasster Klang her
woher jene Stimme auf einmal

Als ich dich heut sah und
grüßte und ganz schnell davonlief
bin ich rot geworden so wie einst

Stand zu Haus vor meinem Spiegel
dachte, das ist längst vorbei und
warum stehst du Gans denn da und weinst

Wo warst du
als mir das Dunkel in die Augen stach
Lieber, mein Leben
du kamst lang danach

Wo warst du
als ich meine Nächte mit Phil Marlowe verbrachte
als ich sehr dumm
über Liebe dachte

Wo warst du
als mich eine Trauer beinah unkenntlich machte
als ich dennoch zu laut
über andre lachte

Wo warst du
als ich versuchte, ob ich sterblich bin
Lieber, mein Leben
wo sahst du da hin

Wo warst du
als eine Fremde mich unter Tränen umarmte
als ein Idiot
sich meiner erbarmte

In den Nächten spinnen Lichter
aus Erinnern ein Geflecht
auch verblassenden Gesichtern
wird das Herz mählich gerecht

In den Nächten kehrn Gefühle
Abgesagtes scheint das Wahre
und es dreht, dreht sich die Mühle
unterm Wasser vieler Jahre

In den Nächten wächst die Ruhe
ohne die kein Leben währt
leise schließt sich manche Truhe
drin ein Duften aufbegehrt

Als hätte man dich auf meine Fährte gesetzt
witterst du mir ständig nach
hinter meine Stirn möchtest du kommen

Sei sicher: Dich belüge ich mehr als jeden
und was du nicht wissen sollst
erfährst du als letzter

Ich will, dass die ganze Stadt über dich lacht
denn ich bin beleidigt von deinem Argwohn
und aufgerieben von der Unachtsamkeit

Ich habe dich, wie man sagt, betrogen
nachdem du glaubtest, ich könnte es tun
eigentlich: hätte es schon getan

Läute die Glocken
schreib mir den scharlachroten Buchstaben mitten aufs Herz
stell mich auf den Marktplatz an den Pranger
dann werde ich sagen: Ich bin ohne Hass
aber er hat mich schlecht geliebt

Ich brauche Wasser
Wasser brauche ich, Wasser
meine Lippen sollen sein wie Schwämme
eintauchen soll mein Mund, der aufgesprungene
ausgedörrte, untergehn vorübergehend
endlich das Wasser
endlich weiß ich es wieder, dieses
aus Wolke, Eis und Quell

Ich will aufblühn wie eine Wüste, in die es regnet
mitten in der Trunkenheit des Trinkens
überschwemmen will ich Gaumen und Kehle
kein Traum hält stand vor diesem
der mich verfolgt bis in die Träume

Genuss bin ich bis in die Poren
immer noch Wasser, als ob auch die Augen
Vorrat sammeln für spätere Tränen

Ich will nicht mehr vorsichtig sein
stehe da in meiner dümmlichen Abgeklärtheit
aber die ist von gestern
da war ich kindisch und alt
heute lache ich und wärme mich
und rede wieder ungefragt auch von mir selber
hab wieder Augen, Mund und was eine sonst noch braucht

Leute, das lebt sich vielleicht
und her mit der Arbeit
wenn auch nicht grade heute Nacht

Ehe er sich das Mobiliar unter den Nagel riss und
die meisten der Bücher
verkündete er noch hocherfreut
sein Ableben demnächst aus Enttäuschung über mich
und mein Ende in der Lächerlichkeit
Ehrwürdig wie ein Verkünder von Lottozahlen
bog er um die Ecke
ging er davon zu ihr
die alles besser wusste
bevor sie draufgezahlt hat mehr als ich
Ich sage dir, das hältst du nicht für möglich
bei diesen gründlich gütigen Augen
bei diesem Meister der schönen Beginne
Wenn er eine will, zückt er den großen warmen Mantel und
zeigt seinen Abscheu vor unachtsamen Männern
dass jede gleich merkt, dieser ist keiner von denen
Falls sein Auge auf dich fällt, er teilt mit dir sogar die letzte
                                          Zigarette, vorher
und die letzte Scheibe Brot, falls du vorher Hunger hast
Ich wollte ihm mit Kreide den Rücken markieren
damit er kenntlich wird für jede
aber nun ist Zeit vergangen
da stell ich mich mit dem Rücken zum Spiegel
und drehe vorsichtig den Kopf
nichts

                          Mir ist viel widerfahren
                          was bitter machen kann
                          in bessern leichtern Jahren
                          erinner mich daran

All dies Verzeih und Habverständnis
geht mir nach
all dies gesotten
aus Bitterwurz und scharfem Gewürz
mit dem heißbraunen Namen
geht mir nach
all diese Verdrängnis statt Trauern
all dies kaum Zugelassne
treibt Wucherblumen
all die verlogenen Abschiede
aus der Haustür weinend
lass ich ihn gehn mit seinem Teil Schuld
und den meinen vergess ich sofort
verdrück mich
stapelweise Bücher und Konfekt allein
ins Bett, die Welt ist in Ordnung
verdammt, das geht mir nach

Und von alter Trauer
schleift das Herz mir eine Spur
die ist dann von Dauer
um die gings doch nur

Wir lagen unter einer Decke
er am Rand, ich an der Wand
es war kein Nest, nur eine Ecke
ich hab ihn am Ende nicht besser gekannt

Wir haben voneinand genossen
wenns hinterher auch nicht so scheint
doch wie er war, blieb mir verschlossen
ich sah ihn kaum lachen, er hat nie geweint

Er sprach zu mir, wie andre schweigen
und Schweigen kam dabei heraus
er wollt mir seinen Kummer zeigen
da war schon kein Bett mehr, kein Tisch und kein Haus

Wir lagen unter einer Decke
jeder wie im eisern Hemd
wenn ich die Erinnerung wecke
da bin auch ich mir fremd

Und als mir sein Zorn geschah
auch da kam er mir nicht nah

Nun gib mich auf
denn du bist schneller als wir beide
und falls mir Tränen kommen, lass dich nicht verleiten
es wird zu spät, wir haben unsre Zeit gehabt.
Was ich dir geben konnte, hat bis hier gereicht
nun wirst du ungeduldig
du hast recht.
Geh fort und folge dem, was ich ich dir sage:
Wer ohne Liebe bleibt, der steht herum.

Er verließ mich vor dem Morgen
so ein Abschied macht alt
Er hielt seine Blicke verborgen
tat nur eilig und kalt
Was fang ich da mit mir an

Irgendwo mag eine weinen
die am Nachmittag lacht
aber ich erwarte keinen
der mich fröhlicher macht
Was fang ich da mit mir an

Irgendwo mags eine geben
die sich schön macht für ihn
Liebe reicht nicht immer fürs Leben
meine ist nicht gediehn
Was fang ich da mit mir an

Vorübergehend schweigen die Dinge
der Himmel glotzt mich nicht an
kein Fluss fließt mir davon
in leeren Räumen nistet keine Vergänglichkeit
die vor mir gelebt haben hier erwarten mich nirgends
Abends begegne ich niemandem als mir
das weiße Blatt Papier erfüllt mich nicht mit Furcht
in Erwartung bin ich ohne Qual
das macht, dass er hereinkommt und bei mir ist
ich durchschaue ihn nicht
aber ich verstehe alles
nachdenkend über ihn betrachte ich mit ruhigen Augen
den Himmel, den Fluss, die Bäume, die weißen Blätter
er hat keine Antwort für mich
kaum beruhigt er mein Blut
und doch ist seine Freundlichkeit
vorübergehend das, wovon ich lebe

Verzeihung
dass ich nicht geblieben bin damals
wir hatten uns so schön eingependelt darauf
einander hässlich zu machen
schon wurden meine Augen bläulich
wie die deiner heimlich Geliebten
beim Mittagessen
über eine zu bräunliche Zwiebel
zuckten Dolche über den Tisch
abwechselnd stellten wir uns schlafend
und lobten das Fernsehprogramm
das uns den Abend mundtot machte
ich bin nicht geblieben
hätte mir noch Krebs an den Hals gewünscht
um dich leiden zu lassen

Die lange Dauer der Hoffnung
und der Augenblick
der Wahrscheinlichkeit
sieh doch, sie hielten
einander die Waage
als wir uns wollten
uns ändern
besser sein als der andre

Er hat in meinem außergerichtlich
mir zugesprochenen Sessel gesessen, geraucht
und mir auf die Beine geholfen mit den
nackten Blauaugen wenn ich Kaffee kochte
hat gesagt, die Seinen brauchen ihn
und er will niemandem weh tun
sie weiß zu viel von ihm
ich war bereit, nichts wollt ich so gern
wie unterliegen
für ihn ging es eigentlich um nichts
mag sein, er hat das nicht gewusst
aber etwas in seinen Genen
schien ihm das Recht zu geben
mich rührend zu finden
mir weh zu tun
und mich unbrauchbar zu machen

Welch eine bittere Landschaft
kann so ein Abend sein
wie schroff sind die Übergänge
der Mond scheint so sonderklein

Die Lieder sogar wolln nicht klingen
jeder Schritt geht vorbei
wird keiner ein Blümelein bringen
ich bin jedem einerlei

Welch eine bittere Landschaft
hab ich mir da gemacht
kein Halm wächst, kein Lied steigt zum Troste
für wen leb ich diese Nacht

Wer eilt nun her, um zu bleiben
gibt, was ich selber nicht gab
Frau Nachtigall könnte nicht heilen
was ich alles verwundet hab

Welch eine bittere Landschaft
arm, ohne Salz und Brot
und müsste und müsste nicht dorren
die Not kommt aus meiner Not

Mach mich los
von meinen Schmerzen
von all dem Warten
mach mich los

bevor du gehst
tu mir gut

Mach mich los
durch eine Geste
durch ein zwei Worte
mach mich los

bevor du gehst
tu mir gut

Mach mich los
von meinen Zweifeln
von zuviel Sehnsucht
Ob von mir
ob auch von dir
mach mich los

Mach mich los
von Ungefährem
von Aufgeregtsein
mach mich los

bevor du gehst
tu mir gut

Nun ist es schon so viele Jahre her
oft dacht ich, das Bild ist verblasst
die Umrisse wusst ich noch ungefähr
und was du Besonderes hast

Wenn einer mich ansah nach deiner Art
dann hab ich es wieder gemerkt
wie leicht sich Erwartung von neuem stärkt
und dass ich noch etwas erwart

Und gar unter Bildern in freier Luft
im Frühling, sie ähneln sich ja
da war wie verschwunden die alte Kluft
und alles von dir wieder da

Nun ist es schon so viele Jahre her
und klang nach in mir all die Zeit
es gab einen See, der war viel zu breit
tut weh, als obs heute so wär

Solange wir alle am Leben sind
bleibt Hoffnung, du hast an mir teil
und zeigt sich am Baum schon der tiefre Keil
so kennt er nun Glut, kennt den Wind

Nun ist es schon so viele Jahre her
wir haben getrennt gut gelebt
nur manchmal, da riecht es wie Wald am Meer
ich spür, wie die Welle mich hebt

Was ich mir nie verzeih
ich hielt dich in den Armen
als ob die Erde unter uns nicht wirklich sei
mir war, ich könnte dich vor Leid bewahren
du wärst von nun an ganz bei mir
und dabei frei

Was ich mir nie verzeih
es war in deinen Küssen
die ganze Unschuld, die man als Erwachsner hat
was gabs zu sagen, was gabs noch zu wissen
wer war der Baum von uns
und wer war da das Blatt

Was ich mir nie verzeih
da fing ich an zu reden
und hab nicht aufgehört, bis wir wie Fremde warn
ich nannte Schmerzen und ich nannte jeden
zu viel, zu früh, und aus zu vielen Jahrn

Was ich mir nie verzeih
ich wusste es inmitten
und musste sprechen und ergab mich einfach nicht
und dabei wollte ich dich einfach bitten
halt mir den Mund zu, aber glaub
mir mein Gesicht

Er hat die Wände neu bemalt
Alles für sie
hat seine Schulden bezahlt
Alles für sie
die schlechten Freunde abbestellt
auf einmal kümmert ihn die Welt
naja, das macht sie
Er ist wie neugeborn
Ich hab verlorn

Alles erinnert
nichts nimmt sich aus
das lagert in Adern und
strömt durchs Gehirn
man kommt ja doch nur hinweg über Dinge
um die man hätt gar nicht erst trauern solln

Als ich vor zwanzig Jahrn heimging von dem
fuhr keine Straßenbahn mehr und
mir taten die Füße weh
gegessen hatte ich nichts von
den Leberwurststulln von der Frau
Kaffee hatte sie keinen im Haus
hat er ganz schön gemeckert
vergisst noch ihrn eigenen Kopp
na, wir haben die Kerzen nicht
runtergebrannt
fällt auf, aber geraucht haben wir
dabei warn die Gardinen frisch gewaschen
«sie issopenibel»
den süßen Wein wollte ich nicht
er guckte dauernd zur Tür, lauschte aufs Treppenlicht
gleich kommt sie, kam aber nicht
hätte konnt klappen mit der leidenschaftlichen Affäre
wo sie doch mit den Kindern in Görlitz war
im Badezimmer hing aber ihr Hausmäntelchen mit
langen Fusseln am Saum und nicht mal ein
anständiges Parfüm stand da, die Haarbürste
war auch runtergewirtschaftet und jemand hatte ihr
mal Oil of Olaz geschenkt, aber
sie muss es aufgegeben haben, war schon eingedickt
und da war ein Geruch wie von altem Lebertran
ihre Schürze hing auch dort so ein
abgetragenes Perlonfummelchen
da wusste ich, wie er zu ihr ist, er
mit seinen properen Kragen
Schlipsfummler
er hat dann oben gewartet, ob unten die Haustür offen ist
ich habe sie fast aus den Angeln gerissen und
hasste mich, ihn, und die Straßenbahn fuhr nicht mehr
außerdem taten mir die Füße weh

Ach, die Heldentaten
die wir einander leichter Lippen unterstelln
lass einen einzigen Menschen besser leben
in tief und hohen besiegbaren Welln
versuch, ihm ohne Getue Seins und was von dir zu geben
lass ihn sein Gefühl zustande bringen
ein Höhlenmensch erst, und siehe, er fängt an zu singen
wirft die Klamotten ab
den Ballast der schlechten Erfahrung
steht da, nackt, wehrlos, und fühlt sich gut
wenns dir gelingt, bist du anbetungswürdig
und vergisst, dass du so sein wolltest je

Was ich versäumt hab, ist versäumt auf immer
das ist ein Satz, der nach Verzicht, der bitter klingt –
und ist nicht so gemeint,
denn mir entging am Horizont kein Silberschimmer
oft, wenn es aus war, stand ich noch im Zimmer
wenn die Vernunft schon lachte, hat noch Eitelkeit geweint.
Was ich versäumt hab, ich bedaure es vergeblich
Erfüllung war es kaum, und nicht das Größte
nach dem man strebt.
Was ich versäumt hab, war am Ende kaum erheblich
Und doch, und doch, ich hätt es gern gelebt.

Liebe, verlorne
von keinem gelebt
die durch Schnee oder Maiwind
ihre Stimme erhebt

Treue, vertane
man glaubt nicht zweimal
das Tuch wird beim Waschen
zerschlissen und schmal

Sehnsucht, dieselbe
trotz allem, was war
ach lieben, ach glauben
und treu sein sogar

Von deinen Augen aus
nahm ich das Maß der Welt
und sah zuerst nur das, was dir gefällt
Nun steh ich da
alleine
bin sehr beschränkt
und weine

Ach Schwester Schwester, lass die Tränen fallen
der dich verlassen hat, verlässt ja aus Gewöhnung
ihr wart noch Mann und Frau, da lagen schon Versöhnung
und bittere Erkenntnis zwischen ihm und mir
Er kam, wenn du geschlafen hast, in Eile
und sah mir zu, wenn ich ihm Eier briet
er war so schön im Bett und ernsthaft wie beim Sterben
der dich beim Werben unentwegt an mich verriet

Ach Schwester Schwester, lass die Tränen fallen
er hat gegeben, was er hatte. Dir und allen.
Nun lass ihn gehn und wein nicht hinterher.
Was da zu wissen war, hast du gewusst. Und mehr.

Würde mich einer lieben
wie ich geliebt werden will
der Tod wär wenig mehr als tiefer Schlaf
nach einem harten Tag
so aber steht das Ende aus und scheint unfassbar
wie denn und warum wenn noch gar nichts gewesen ist

Zufällig
ganz zufällig
haben wir uns wiedergetroffen
die Augen
die sich da ansahn
warn einmal eine ganze Nacht lang
vor Seligkeit wach und kaum offen

und die Hände
die wir uns da gaben
haben sich eine ganze Nacht lang
zärtlich getroffen

du hast mir gesagt, wie es dir geht
damals und diesmal
andre Worte, eine andre Welt
auf den Kopf gestellt

Zufällig
ganz zufällig
komm, wir wolln uns irgendwo setzen
ich sag nicht
dass ich sonst umfall
wir werden ein paar Worte schwätzen

Wie du aussiehst
wie siehst du aus;
du warst mein Leben
das jetzt den Atem anhält
geh weiter, bitte
sag noch was
etwas, das nichts gilt
ich zieh den Mantel zusammen
was für ein dünner Schild

geh weiter, über die Weidendammer
lass mich hier stehn
mein Herz schlägt wie ein Hammer
aber nein, so etwas tut man nicht
man geht natürlich zusammen friedlich
in ein Café und tut sich vernünftig weh
einer von beiden
hört immer nicht auf zu leiden

Um Mitternacht meist, auf nackten Sohlen
geh ich mir noch mal Leben holen
stumm schlupf ich in dein Bett
abgeschabt, schlecht durchblutet und verhärmt
mehr kann man nicht kriegen von der Welt
als dass einen einer dann durchwärmt
ein Haus mach ich mir aus
deinen zwei Armen, deinen 1 Meter tieferen Füßen
ich habe dich, nun Unglück finde mich
noch eine halbe Stunde, und ich bin ein Held

Oft lasse ich die Zeitung sinken
die Nachrichten sind bedrängend
da such ich Obdach bei der menschlichen Schwäche
nenne die Anzahl der gelebten Jahre

Auflehnung haben wir geliebt, immer
wohin damit jetzt
die Ungerechtigkeit schafft sich Gesetze
gegen die zu denken sinnlos
gegen die zu verstoßen strafbar ist

wen hab ich noch eben mir

die schwindende Kraft zwingt
mit ihr umgehn nach eignem Maß
der Kopf rennt los
ruft Potemkin oder Winterpalais

zu spät, das war damals
das Blut wurde zweimal vergossen
beim Sieg und bei der Niederlage

das Herz will trösten
verweist auf Weltpolitik
aber der Zweifel bleibt
so hätt es nicht ausgehn müssen, sagt er
hätten wir uns doch klüger verbündet

ich habe noch meine Liebe
meine seltsame Unverbrüchlichkeit
trage in mir und nach draußen
was mir Heimat gewesen ist
aber ohne die Kraft der andern
weiß ich oft nicht weiter

Mit Weiberhänden
ist kein Schlachtfeld abzukühlen
vielleicht, wenn wir aufhörn
den Männern beizuwohnen
bis sie auf Siege pfeifen
und lieber nach uns
statt nach Waffen greifen

solch Gedanke ist alt und ein Schmarrn
tut vielen zu gut, wenn Stiefel knarrn
und ich hör schon hohe Stimmen keifen
was solln wir uns denn noch verkneifen
beim Gewinnen und Verliern
müssen die Männer selber begreifen
zu Hause wie die Drohnen
und draußen spieln sie Dämonen

wir aber, sag ich, trösten und belohnen
die armen Kerle, die auch Opfer sind
der Zweifel macht uns heroisch und blind
er kann ja nichts für die schreckliche Mahd
und sagt, er war nur ein braver Soldat
in beider Hand noch immer der tödliche Draht

Hol mir aus diesen herbstlichen Lüften
noch ein verspätetes Sommerspiel
ich schwelg mich satt an Beerendüften
krieg nicht genug und nie zuviel

Sprich mir von Abschied nicht eine Silbe
glaub nicht den deutlichen Zeichen ganz
eh ich den Blättern ähnlich vergilbe
hol mich heraus und verführ mich zum Tanz

Lass uns zusammen winterwärts fliehen
fürchte nicht, dass die Träne mir quillt
Strauch ist und Baum so reich gediehen
die Sehnsucht wird da und der Hunger gestillt

Ich habe einen Mann
der gut kochen kann
dem näh ich doch keinen Knopf mehr an
Ich war viertausend Jahre unterdrückt
nun bin ich endlich
zu den Unterdrückern aufgerückt

Ich sage, du bist schön, lieber Mann
falls du mich begehrst, ich habe Zeit und Lust
sag ein Wort, und ich vernagle
von innen unser Haus
inzwischen wasch und kämm du dich
und zieh dich ruhig aus
Hier oben im fünfundzwanzigsten Stock
scheint die Sonne so warm, da brauchst du nicht
Hut noch Schirm noch Rock
Wir könnten uns frei unterm Himmel lieben
von Schönefeld kommt hier nichts lang
doch willst du, so find ich das übertrieben
es klingeln die Kräne, der Bagger sind sieben
aber sonst ist es ungeheuer still
Ach, von mir aus mach doch, was ich will

Du bist schön geworden in unserer Liebe
erwachsen, zuständig für das Universum Frau
und noch immer dieser streunende Landsknecht
der siegen will
erobern, seine Zähne in Fleisch haun
und am Lagerfeuer sitzen
die Wampe voll Angst

Wenn du achtlos bist, begegnet mir im Spiegel
ein alterndes leeres Gesicht.
Wenn deine Liebe nur flüchtig über mich hinstreicht,
such ich in den Worten der Freunde nach Kränkung.
Wenn du keinen Blick für mich hast, schäme ich mich
meiner unbedeckten Hände und dass ich nackt war.
Wenn du eilig bist schon bei der Ankunft, gehst du von
                                                                   einer,
der sind die Arme zu lang;
tust du belanglos, werden die Nächsten fremd,
und zweifelnd nehm ich Abstand von mir selber.

Wenn du mich liebst, bin ich schön.
Mit erhobenem Kopf geh ich zum Spiegel und bewundere
                                                                   mich.
Ernsthaft bring ich die andern zum Lachen,
heiter hör ich die Freunde sagen, an mir könnte manches
                                                                 besser sein;
was mühsam ist, legt sich mir auf die Schultern wie ein
                                                                seidenes Tuch,
beachtet von dir leg ich es ab, wann du willst;
es bedeutet nichts, ob du eilig bist, wenn du mich liebst.
Wenn du mich liebst, geh ich zu Paris und frag ihn,
ob er nicht zufällig einen Apfel bei sich hat.

In dunkle Angst geführt
die Wand zur Straße fällt vom Haus
den Anfang vom Ende gespürt

Du nennst sie Einbildung, die Bangigkeit
ein Netz aus Sommerfäden siebt das Licht
so ist im Herbst die Zeit

Wende dich doch mit solchem Wort nicht ab
es gibt auch Sprüche, die nur einer hört
und Widerspruch, den es vorher nicht gab

Frei von Liebe
frei von Hass
einander nicht mehr begegnen
wie würde das aussehn – einander segnen
wie würde das sein, miteinander zu brechen
und sich freizusprechen
man kann eine Liebe nicht leben
wie eine Liebelei
da muss es Maße geben
die machen nie wieder frei

Als du gehen wolltest
tranken wir noch ein Glas Wein
das wurde in meiner Hand zum Kelch
und also stand ich auf dem Ölberg
Ich bat nicht und hab nicht nach dir gerufen
Ich sah dich nur an, hob die Hand und ließ den Kelch fallen
Du hast gelächelt so dumm
wieMänner lächeln, wenn sie glauben
das Schlimmste ist überstanden
Ich dachte: Er wartet, dass da wer zum dritten Male kräht
aber der Hahn sitzt in der Stube
rutscht mit dem Arsch hin und her
und trinkt ein Glas Wein

Nur eine Stunde jeden Tag
das eigne Leben führn
die Fenster auf und einfach gehn
auch durch verschlossne Türn
der siebenten mit raschem Herz
auf ihre Klinke sehn
und weil ichs will, weil ich es will
bleib ich untätig stehn
ein Duft von Farn und wildem Dill
nein, nie mehr wiedersehn

Freundin
du solltest nur noch bunte Steinchen tragen
und deine abgenutzten Flügel
dürften dich nur noch zärtlich jagen
über sanfte Hügel
das sollte genügen
aber glauben kann ich das nicht
da müsste ich lügen
das ich bei dir halt so
Stellt man dich mitten im Wald ab
freundlich oder böswillig, irgendwo
und du hast kaum noch Kraft dafür
aber du findest eine Tür
oder schlägst dir einen Pfad
erst mal krumm, dann ziemlich grad

das ist so bei dir
es passt mir nicht
und es macht was mit deinem Gesicht
aber ich liebe dich auch dafür

Die ersten Schritte auf dem Seil
fielen mir noch unglaublich leicht
drüber des Himmels blauer Teil
drunter dein Blick, der keinem gleicht

Die ersten Schritte auf dem Seil
das sah so straff von unten aus
komm ich darüber, bleib ich heil
fängst du mich auf vor deinem Haus

Die letzten Schritte auf dem Seil
dann aufgefangen himmelweit
nun kommt des Alltags tiefrer Keil
nun kommt der andern Ängste Zeit

Ich liebe, dass du nicht mutiger bist als ich
durchlässig ist deine Haut wie die meine
deine Phantasie lässt auch nicht aus
du brauchst mich und könntest manche andre brauchen
aber wer denn weiß
ob man zurückkehrn kann so klug wir auch sind über das
leicht findet man hin zu fremder Berührung wie aber
                zurück
den traurigen Kai Kehrwieder mit aller entsetzlichen
                 Erfahrung
gibts auch für die Liebenden in den meerfernen Städten

Liebe Tochter, tu's nicht unter Liebe
kork den Rotwein zu, wirf die Zigaretten vom Balkon
lass sie klingeln, Tochter, tu's nicht unter Liebe
es sei denn, dein Wecker tickt wie eine Bombe
sei denn, dein Blick eilt dauernd zum Telefon und du
    winkst ab
ich meine, wenn draußen Freunde klingeln
aber du hast nicht die Kraft, zu öffnen und jemand zu sein
Ich meine, wenn du versuchst, mit dir zu reden und es gibt
    kein Wort
wenn nix, was du kennst, lohnt, dass du dich drum reißt
wenn dir jede Suppe anbrennt, wie klein du die Flamme auch
    drehst
wenn der Tag kommt, wo alle Türen quietschen, alle Fenster
    klappern
dann wird es Zeit, dann reiß dich hoch und geh los
das Make up vielleicht sticht ab auf dem schlecht durchblute-
    ten Gesicht
aber pump dich auf wie ein Maikäfer und verlass dich
auf dein Repertoire von gestern, geistreich, spontan und
irgendwie schiebt sich schon was zusammen, immerhin
haben wir ja noch die Brombeeraugen sowie auch studiert
an Themen mangelts nicht –
kann natürlich sein, es wird nichts und du bemerkst es auch
    noch
dann hüte dich vor Teppichrändern, Mayonnaise und der, die
    spontan und geistreich mit Smaragdaugen
durch das Rote Meer der Anbetung geht
mach, was sich machen lässt, nur lüg es nicht hoch, schon gar
    nicht mir zu Ehrn
Ich denke, es ist besser als nichts, nur
die Augen aufschlagen, ohne Liebe, danach
da guckst du ja in Scheinwerfer

Ich schlief den Rest
der Nacht
wie jemand schläft
der sich auf einen anderen
verlässt
schlief, als wär ich nicht
in meiner Seele wund
als wär ich nicht bei aller Leichtigkeit
nah am Zugrund
ich schlief und lauschte doch
ob mich nicht jemand rief
bis deine Hand
mir diese Unrast nahm
da schwieg der lästige Verstand
bis ich zur Ruhe kam

Ich hab die Worte wieder
die sanfte gelassene Traurigkeit
vorbei die verwartete Jahreszeit
ich hab meine Lieder wieder

Ich hab die Stille wieder
die Tage, die ohne Gedrängtsein sind
wo ich das Leise noch hörbar find
ich hab meine Lieder wieder

Kein Wald welkt mehr vor Augen
die Schiffe fahren ohn' Gefahr
ich brauch nicht, wie ich vorher war
wem konnt ich da noch taugen

Kein Flügelschlag noch Schnabelhieb
verletzt mich mehr im Dunkeln
wo Stern an Stern sich tödlich rieb
will nichts mehr drohend funkeln

Ich will, was war, nie wieder
und Freisein ist mir viel zu schwer
ich wollte dich und ich habe dich
und hab meine Lieder wieder

Wie weh ich dir tu
wenn du mir wehtust
wie weh tut wehtun

Liebe, schönes All
Tod und Sein
verwandt
süßer Fall
als samtweicher Stein
auf wandernden Sand

Niemand hat mich berührt, ich aß nicht und lebte
                              dennoch, schlecht genug
von der Luft und der Erwartung, du bist und ich werde
                              dich finden
Den Fall meiner ersten Nacht würde ich gern vergessen
aber auch wenn ich deinen Tod auf mich nähme
ich kann nicht erzwingen, dass etwas nicht gewesen ist
lehr mich nicht zu lügen, lass mich gelebt haben
denn beide Wahrheiten bringe ich mit
ich habe gegessen mit Genuss, getanzt mit geschlossnen
                              Augen
es wäre möglich gewesen, ich lieg in einem Bett und dass
                              die Ranken sich schließen
dass alle Worte gesagt sind
und ich sie dennoch ausspreche, die erfrischten, erstmals
Ich kann nicht ungewesen sein

Auf der Straße, wenn du auf mich zukommst
straff ich mich, dass ich dir gefalle
und gefall mir oft verzweifelt nicht
immer möcht ich dann sein eine
zerbrechliche Blondine mit Augen wie Porzellan
praller Rundung für manchmal, aber sonst Püppchen
und bin, was ich sehe
eine, die straff auf dich zugeht
mit welkender Zuversicht
ach komm, nimm mich, rennen wir von der Straße
lachwein ich, wächst meine Blauäugigkeit
werd ich zerbrechlich genug unter diesen Augen
die sich nicht schließen
sondern mich sehn wollen, wie ich bin

Heute bin ich nicht gut
obwohl ich an dich denke
und wollte doch gut sein
obwohl ich an dich dachte
gut, was ist denn das
nach dem, was ich weiß
brauch ich nur, was ich habe
Augenlider, die man schließen kann
einen Mund, der sich öffnet
Arme, wehrlos genug
und zwei Beine
zum Glück zwei

Gott oder Mama
lass es Wahrheit sein
uns tun, dass wir lieben
umarme mich leg deine Hand auf mich
es ist sehr laut draußen
lass uns was Gutes bleiben
alles andre ist ja leicht

Der große Baum
hat mich abgeschüttelt
als ich mich aufhängen wollte um dich
hat grüngold geglüht
und auf die heißen Augen
eine kühle Hand gelegt
weiß nicht, was er gemacht hat
dass auf einmal
die Äpfel zu riechen warn
und außerdem ein Duft
eine Ahnung war
als wärn da Knospen
über die man noch gar nichts weiß

Liebe

All meine Bilder sind verbrannt
stehn ohne Glanz und Farbe
dies ist mein neues Unbekannt
wo ich zuwenig darbe

I
Männer schwindeln nicht, achwo
sie tun nur so
worüber du lachst mit dem breitesten Mund
das meinst du ernst bis auf den Grund
manches tut mir so weh
dass ich beiseite geh

II
Ich bin dein
da lach ich aber sehr
an sowas glaubte ich nicht mehr
dir gäbe ich einen Blankoscheck
und unbesehn die verbleibenden Jahre
und danke dir Heilung von jedem Schreck
und gerat mir mit niemandem so in die Haare

III
Ich sage zu dir Wörter
die ich verabscheu
sage, dass ich dich verlasse
würde gern sagen, du sollst tot sein
oder ein dreckiger Stein
so also bin ich, wenn ich liebe
wie war ich doch früher gelassen
dich lieb ich so, dich kann ich manchmal nur hassen

IV
Ich hab Geld genug ohne dich, Raum sogar mehr
mehr Zeit ohne dich, auch meine Arbeit
Kind und Kindeskind hab ich ohne dich
und eine lange trostlose Vergangenheit
ich habe ohne dich nichts

Eine weiße Perle reih ich ein
wenn du mit mir lachst
wenn du mich traurig machst
wird es eine schwarze sein

In zwanzig Jahrn
trag ich um den Hals
wenns gut wird und lange währt
zwei weiß' auf eine schwarze
oder umgekehrt

Geliebter
du stößt an die Wolken in den Augen der Kinder
sie legen den Kopf weit zurück
lachen zu dir hoch
du beugst dich
bis ihr euch gleich seid
da geh ich weg das geht nicht einmal mich an

Ich verknotete Person
in deinen Armen krieg ich Lust
du zauberst aus zwei Körpern
einen dein Bein ist mein Bein
Arm und Kopf, Wärme hinüber herüber wunschlos
ohne Begier liegen wir so und schweigen uns
im leichtesten Schlaf
voll von Bildern

                                  Das Ohr folgt den Geräuschen
                                  die Haut lernt
                                  dich zu hörn
                                  und zu täuschen

Versprochen hast du mir
die schönen Schreie der Nachtigall
die Nachtigall schweigt
und du schreist

Als er damals fragte
ob ich zu haben sei
sagte ich, seltsam zögerlich
nein, ich sei sozusagen nicht frei
aber zu Hause, mich zu bemerken
gehörte nicht zu des Meinigen Stärken
ich hatte auch lange nicht mehr geweint
lachte viel, tat, dass es so scheint
hatte aufgehört, mein Herz zu beklagen
er konnte das damals nicht leiden
ich sollte ihn nicht dauernd was fragen
ihn eben machen lassen
um jeden Ärger zu vermeiden
es gab keinen Grund
für Schuld, oder zu hassen
Er ist, sagten die anderen Frauen
doch immer so nett
ich hab nicht gefragt, wo – im Bett?

Ach, hab ich gesagt
als er mich damals fragte
ob ich zu haben sei
wie schön, dass du fragst
ich bin gerade frei

Die Pappeln
eine wie die andre
als ich davonlief
mit meinem niewieder
damit du sagst fürimmer
das war der eigentliche Abschied
Greisin würde ich sein beziehungsweise
Julia ohne rezeptpflichtigen Trank
ahnungsvoll genug
dass du gehn würdest
zu den Anlagen der Semiramis
und ich schlepp mich ewig diese Pappeln lang

Hast du nicht einen Frühling für mich
heut Nachmittag könnt ich den brauchen
oder ich fang wieder an zu rauchen
lieber wär mir ne Wiese mit Spitzwegerich
und am allerliebsten hätte ich dich
nicht auf der Wiese
in nem Kahn
weiß, frisch bezogen
riesig
den Himmel diesig oder ist doch egal
was geht mich das Wetter an
komm mit deinem warmen Bauch
ganz nahe an mich ran

Ich wage nicht mehr zu atmen mit meinem eigenen Leib
Ich wage nicht mehr zu altern
Du setzt mich in Furcht vor der Sekunde Null
mitten raus wär es möglich, du sagst
Worte, dass ich davongehn muss

Ich wage nicht mehr zu denken von Anfang bis Ende
weil der begonnene Gedanke an seinem schlüssigen Schluss
wie ein Schlüssel wär
mit dem ich die Tür aufschließ
und dir davongeh in Ewigkeit

Alleinsein, sagst du
macht die schwerste Last
schwerer ist mit jemand
leben, den man nicht liebt, nicht hasst

wie soll man wachsen
über sich hinaus
wenn für zwei schon kein Platz ist
im selben Haus

Deine Augen sind die Stille
die nach allem Aufruhr winkt
deine Augen sind das Dunkel
in das alles einfach sinkt

Deine schönen Augen machen
dass ich ganz betroffen bin
deine schönen Augen wachen
dass ich nicht zu offen bin

Deine Augen sind das Wahre
grenzen ein und machen weit
weiß nicht, wo ich sonst erfahre
jetzt mein Glück und dann mein Leid

Deine Augen sind zwei Steine
so schwer wiegt mir mancher Blick
sie durchschaun nicht all das Meine
manches liegt zu tief im Schlick

Deine Augen sind die Lunte
die ich manch Gelebten weiß
deine Augen sind das Bunte
das ich mir vom Herzen reiß

Deine Augen sind die beiden
die ich neben meinen brauch
deine Augen machen leiden
wenn ich zu tief untertauch

Manchmal wolln wir einander sein
der große Baum, der schattet
den Regen auffängt und abhält zugleich
Grün, das die Augen heilt
und das einzigartige Lied aus Wind und Blättern.
Triffts zusammen, kommen wir uns ins Gehege
bis man sich aufhängen möcht
im eignen oder im fremden Geäst
bis übrig bleibt nur: wir sind einander
ein Besen, der den andern zum Haus rauskehrt

Zwischen deinen Händen fällt von mir
was nicht vonnöten ist
zwischen deinen Händen wächst in mir
was nicht zu töten ist

Keine gesicherte Ewigkeit
ist meine Liebe
meine Liebe ist
wiederholbarer Moment
vielleicht auf Lebenszeit

Liebe geht nur, wenn du
so gut lebst wie allein
wenn Sprechen und Zuhörn die schöne Feier sind
wenn du zehn Seiten hintereinander lesen darfst
ohne dass jemand etwas von dir will
Liebe geht nur ohne das schlechte Gewissen
über Freude, die der andre nicht teilen kann
einen Kummer, der sich nicht in Worte kleidet
Liebe geht nur, wenn du dich mit einer sanften Bewegung
abwenden darfst und da stößt keiner nach
Liebe geht nur ohne Herablassung
das irreführende Wort heißt Toleranz
wenn du willst, magst du dich verändern
ich verändere mich
ich nicht dich und du nicht mich
nur so geht Liebe
Vielleicht

Der Tod schlägt nicht immer
gleich zu
erst stirbt der
Wunsch zu leben
dann erst gibt auf
der Leib
demnach sind wir
dumm dran
unsterblich

Wenn ich aussähe, wie ich liebe,
Lanzelot bliebe unbemerkt
der hat es mit dem Drachen aufgenommen
ich nehme es auf im Alltag mit dir
und dem bitteren, aufzehrenden, das Geschlecht manchmal
fast auslöschenden Gefühl, das du gewollt hast
oder nicht gewollt
aber nun ist es lebendig und lässt sich nicht abtreiben
auch wenn es mich zur Unzeit überfällt
wie könnte Unzeit genannt werden, was
ein Lächeln macht aus dem Grinsen
Wenn meine Augen dich sehen
wenn ich meine und deine Finger wärme
dann liebe ich dich
gestern, weißt du, haben wir dieses alte Wort abgeschafft
heute hole ich es aus dem Wartesaal der ewigen Dinge
die sich manchmal zurückziehn aus Scham oder dorthin
      abgeschoben werden
ich schlage die alten Bücher auf und suche Trost in
      Vergleichbarkeit
Ich sehe auch deine Angst und deine Unberatenheit
ich möchte, dass es dir gut geht
magst du mich vergessen im Schlaf
mich vertreiben aus dir, um zu überleben
ich möchte, dass es dir gut geht und lüge dir also
es geht mir gut
ich liebe dich und möchte dich besitzen
so, wie du mich besitzen kannst, wenn du die Hand legst
auf die schmerzhaft pochende Stelle an meinem Hals
auf der nun so vielbegangenen Straße zwischen
meinem Herzen und meinem Kopf
eine Salzstraße manchmal, wenn es dunkel ist und ich bin
      sicher

dass du meinen Kummer nicht auch noch auf dich nehmen
kannst
ich liebe dich
halbtot vor Angst um dich, scheint mir mein Leben die
Angst zu nehmen
vielleicht bleibt es nicht so
vielleicht wird dein Mut nicht reichen
vielleicht wird meine Geduld es sein, die reißt
vielleicht werden alle Worte, die aus mir drängen
sich durch einen Fluch verwandeln in Ungeschicklichkeit
vielleicht tue ich dir weh und kralle mich in dich ein
spiele Kreidekreis mit dir, obwohl ich den Gedanken hasse
ich will, dass es dir gut geht
wie aber könnte ich dich lieben und dich nicht bedrängen
wie aber soll ich dich lieben, als wär nichts
ich liebe dich und sehe, wenn du zurückweichst
nicht weißt, ob man damit zurechtkommen kann für
dauernd
wir sind es, wir sind gelandet
ich wollte, ich könnte amen sagen
ich liebe dich
amen

Dreißig Jahre haben nicht ausgelöscht
dass ich zu jung war
geliebt zu werden
alt genug, zu lieben
alles Gelebte hat mich geheißen
vor dir zu bestehn
wir sind alt geworden und noch immer
steht mir vor dem Herzen, wie ich dich wollte, du mich nicht
zu jung tut so weh wie zu alt

Als wir uns wie
all die Male
nicht sahn
als dein vertrautes Nichtlächeln
mich abtat
als das Nest ohne Boden uns
aufnahm wie immer …

«Als ich» und «falls ich»
ist nur zu gebrauchen
für den schönen Streifen Nacht
den wir manchmal mit schlechtem Gewissen
vergeuden an uns

In der Mitte meines Herzens
hätt ich gern zwei Blüten
dass ich etwas Zartes hätte
um es zu behüten

In der Mitte meines Herzens
liegen schroffe Steine
oft im Traum, wenn ich drauf falle
wach ich auf und weine

In der Mitte meines Herzens
wachsen Zärtlichkeiten
so kann ich für dich und mich nun
jedes Bett bereiten

In der Mitte meines Herzens
spür ich oft beklommen
dorthin ist das ganze Leben
nun durch dich gekommen

        Als wir lagen endlich
stocknüchtern von unserm tödlichen
Gequatsche
aus den Sachen gepellt
da blieb wirklich nur
es irgendwie zu tun

Da hat auf der Erde nichts andres gezählt
als verstohlenes Hand zu Hand.
Und es war eine Ahnung von Traurigkeit,
die atmete unverwandt.

                            Ich bin einsam
                            wie auf der Wiese ein Stein
                            alles fliegt vorüber
                            wächst mir davon
                            die Wasser steigend fallend
                            haben ihr Teil an mir getan

Die Liebe sei kein Haus, kein Haus
und wird sie eins, da reiß ich aus
die Liebe sei kein Meer, kein Meer
zu viel Gewalt, zu ungefähr
die Liebe sei uns nicht die Welt
sonst wird's, dass man sie dafür hält

Sei gut zu mir
erlass mir keine Lust und keinen Zorn
sei viele Augenblicke unverstellt
trink, iss und fühle und versag dir keinen Spaß
steh auf und geh davon, wenn dir so ist
dass ich beim Wiederkommen weiß, du suchst nach mir
benutz auch mal das falsche Wort
das rechte taugt nicht ohne den Vergleich
nimm mich in Schutz wie deinen besten Freund
und schrei mich an im Streit, als wäre ich wie er
halte den Mund, wenn mir das Herz aufgeht
vor dieser Landschaft Alltag, in die du mich stellst
ich geh durch sie verwundert ohnegleichen
und bin, als wär ich eben erst erwacht
mit deiner Hand an meiner Wange
mein Blick in deinem
und mein Herzschlag unter deinem Herz
alles ist Spiegel auf einmal
mit anderen Auge sehe ich rückwärts und habe Erbarmen
                                                            mit mir
nimm mir nicht deinen Blick
der auf mir ruht und unter dem ich wachse
Sei gut zu mir
das meint: nun leb mit mir
als ob ich alles weiß von dir, und lass mir Zeit
nimm mir nicht deinen Mund
und nimm mir nicht die Angst
Sei gut zu mir
bleibe verlierbar

Eines Tages werde ich eine Katze haben und Zeit, ihr ähnlich zu sein
Eines Tages lese ich ein Buch weiter, wenn ich mich noch an die letzte Seite erinnern kann
eines Tages oder nachts liege ich neben dir und wir sind ohne Ehrgeiz
eines Tages werde ich keinen Schmerz mehr verspürn wegen meiner Abwesenheit gestern oder lange vorher, als du mich gebraucht
hättest, größerer Schmerz: nicht gebrauchen konntest
Eines Tages streite ich mit dir, ohne dass alles in Frage steht
eines Tages habe ich den Mut zu sagen: schlaf mit mir und so hab ichs gern, oder nein, so
und ich werd sicher sein, dass du nicht grübelst, welcher Kerl mir das beigebracht hat, und es wird dir wohlgefallen
zu denken, dass dies nun aus mir kommt und Spiel also möglich ist
eines Tages werde ich lustlos sein und auch das einfach zeigen
eines Tages liegst du in meinem Arm und erzählst mir alles
als wär ich ein Fluss, in den du Steine wirfst und sie ruhen in der Tiefe
und sind noch immer die deinen, aber das Gesagte verschwistert uns
dass wir sind ohne Neid, ohne Nachtrag, ohne falschen Einwand
eines Tages freun wir uns über alles, was einem von uns Gutes zuteil ward von wem auch immer
eines Morgens wache ich auf, jeder macht Seins und keiner fälschlich Meins
eines Morgens wird es so ruhig sein wie ich es brauche grade morgens –
eines Mittags lege ich mich hin und versäume deswegen nicht meine Pflicht

Eines Tages sage ich, was ich will und biege es nicht zurecht
eines Tages sind mir deine Hände bei der Arbeit die Hälfte
                von meinem Mut
eines Tages weiß ich, dass es dem Menschen nicht gemäß
                ist, allein zu sterben
da sage ich, gehn wir zusammen, wenn du willst
die Angst wird fort sein, und wir legen es uns zurecht auf
                den letzten möglichen Moment
danach werden wir anders über die Straße gehn
und die alltägliche Entmutigung wird uns nicht mehr
                erreichen
eines Tages werde ich wissen
warum du gerade mich liebst

Den ich liebe
der hat zwei schlanke
schöne Füße
groß
die leg ich mir bei gut Wetter
in den Schoß
eins wärmt das andre
oben reden wir über was anliegt
Mit solchen Füßen
kann man weit gehn
für jemand
lange Schritte tun
kann sich sputen
schöner Fuß
aber wenn er ihn draufstellt
passt drunter mein ganzes Herz

Wenn wir uns lieben
schmeichelt der Herbst den Bäumen
die Blätter ab
weint ins offne Holz um den Verlust
Wenn wir uns lieben
sind mir die andern egal und ich weiß
dass Bäume gar nichts wissen und fühln
aber Schwestern sind sie
wenn du schlecht zu mir bist
da reißt der Wind ihnen ab wie du mir
und wie sie dastehn, so nackig
frieren natürlich
egal, es geht sowieso gegen dich

Umarme sie
eh du aus dem Haus gehst
sag ihr wieder mal
dass du sie verstehst

aber etwas nie Gesagtes lass offen
das braucht sie
um einmal noch ein Wunder
zu erhoffen
für Glück und Leid
braucht ihr das zu zweit

wenn sie alles von dir weiß
deiner ganz sicher ist
dann habt ihr eine zu kleine Frist
zu streiten, zu ruhn und euch zu genießen

schau hin
wenn du sie umarmst
sollte sie noch immer die Augen schließen

Die Erde nimmt den Winter hin
geht blühend draus hervor
ich seh, wie ich geworden bin
was immer ich verlor

Ich hab mir Wärme gut verstaut
vor Wettern, spitz und scharf
die Erde tut wie meine Haut
sich auf nur, wenn sie darf

Und trittst du eisig mir zu nah
bedeck ich mich mit Schnee
vom Winter, der mir so geschah
tut mir die Haut noch weh

Ich hab alles angeboten
was immer du tatest, mir schien, dass ichs will
und lag oft danach wie bei den Toten
erschrocken, alleine, still

Du bist die Spitze des Eisbergs
auf den ich zuhalte
immer wieder
ich besinge das sichtbare Potential
auf Reichweite zu halten
bei geschicktem Vorgehn
immer treibt mich der falsche Ehrgeiz zu Volldampf
und Havarie
oder bist Du jenes angreifbare schwimmende
Lebendige
und ich ruhe unsichtbar gefährlich
sichtbar nur als Stück anschaulicher Natur
und stelle dir das eisige zerstörerische Bein

Warum nimmst du mir meinen Bauern weg
meinen mühsamen, tapfren Gradausgehmann
weit noch vom Ziel, erhoben zu werden über sich selber
weit auch vom Ursprung, Schrittchen um Schrittchen
Lanzelot unterwegs für mich, so gut er kann
da kommst du langer Läufer, behender Geschwindmann du
und nimmst ihm den Auftrag, die kleine Hoffnung
dass ich dir standhalt noch länger
ein Zug und Einzug, gleich hast du's geschafft
fort ist der Bauer, und mein König steht rum
wie du das machst, die Freude steht dir gut
ich verlieb mich in dich, wenn du so bist
der Bessere sein macht schön
aber ich frier ein bisschen, komisch

Das soll ein Tag sein?
den brauch ich nicht
der, den ich liebe, nennt mich nicht schön
wo soll ich da bleiben, wohin könnt ich gehn
Wo ich auch hingeh, ich nehm mich ja mit
deinwärts und meinwärts, es blutet der Schnitt
Zu häufige Not
der Tod ist ja wirklich der Tod

Diesen Satz von mir
hatte ich vergessen
nun kehrt er zurück wie ein Fremdling
erfahren hat er gemacht und ist er geworden
trifft mich an unklug, ist mir damit überlegen
vorlaut hab ich ihn in die Welt gesetzt
nun weiß er was gegen mich
mehr Wahrheit, als ich wahrhaben will

Lass mich nicht untergehn in meiner Liebe
lass meine Liebe nicht sein eine versunkene Glocke
die willkürlich schlägt, dass einen Augenblick
die Haut darüber zittert folgenlos
solch ein Glocke
versunken tönt Unglück

Umdrehn hätt ich mich solln
deuten den Blick in meinem Rücken
im Teppichgras schlafen sie
Unkraut oder Rose
deine schönen Augen verheißen mir
was denn

Wenn wir uns verkrachen
red' ich dir einlenkend hinterher
weil wir noch immer nicht haben:
aufhörn, ohne dass einer
schuld gewesen wär

Die Nacht hat vier Augen
deine und meine
die Nacht hat vier Augen
hat zweimal ein Herz

Die Nacht hat viel Sterne
Blumen im Dunkeln
Die Nacht hier hat Tränen
von mir hingeweint

Die Nacht hat auch Worte
die sind wie keine
und andere Stimmen
die werden geflüstert
vergessen danach

Die Nacht hat ein Kissen
drauf wir uns legen
und mischen die Haare
und ruhlosen Schlaf

Und immer danach
ist diese Welt
für einen Augenblick ganz heil
Von dem, was war
was je gelebt hat
von Baum und Stadt
und von dir
und von dir
bin ich ein Teil

Und immer danach
ist es wahr
dass sich mein Leben um dich dreht
Das Gras sehe ich wachsen
spüre den Wind
der drübergeht
Und immer danach
fließen zusammen
Wasser und Flammen
alles scheint leicht
Nichts auf der Erde
gibt's außer dir
was mir so gleicht

Wenn zuviel ist von draußen
reicht hier drin nicht aus
um schlägt die Nähe, zu groß, in Ferne zu klein
das Herz pumpt Hoffnung, sucht Streit
holt sich Trauer über Worte, findet Wahrheit
sich aufgeben beinah
und einander
dass man neu findet beides
bis man vorübergehend vergisst
alle Flugzeuge falln von allen Himmeln
alle die wir lieben sind sterblich
alle Tanker verbluten
die arme Taube schleppt an Arsenal
eine Generation früher und ich hätte auf dem Bahnsteig
                                                      gestanden
dich verabschiedet in den Tod, tapfer winkend
nein, ich würd dich verstecken
nein, ich wär zu Hause mit dir gestorben
dann liebst du mich also doch
aberja

Es war mein Mantel
ich wollte ihn nicht, aber du warst eilig, und ich fror
meine Haare waren es
windzerzaust, ich wollte nicht raus heute
aber du setzt ja alles durch, was du wichtig findest
ich hatte vergessen, Ohrringe anzulegen
das passiert mir sonst nie, aber wenn man so gehetzt wird
in elegante Schuhchen hätte ich schlüpfen solln
falsche Schuhe, du liebe Zeit, wie man da aussieht
nicht man sondern ich
kein Parfüm, kein Lächeln, keine Reserven
ich hatte vergessen, dich zu umarmen
dich zu rühmen, dir zu sagen, dass du gut für mich bist
statt dessen dieser dämliche Streit um wo wir
demnächst oder nächstes Jahr oder nie hinfahrn
ich will aber nicht in die Berge, dabei solltest du laufen
grade du
an der See langweile ich mich, na prima
dabei können wir nirgendhin, es ging um nichts
letzten Endes werden wir eilig abbrausen, wo wir dann sagen
dorthin um keinen Preis nochmal
so stand ich ärmlich da und wartete
zwar auf dich, aber wie schon
da kamen die beiden aus dem Hotel
jung, schön, lachten sich bettwarm an
liebten einander und also jeder sich
ihr Parfüm umflog mich, er sah mich geizig an
ob ich sie nicht streife, ihm was wegatme von ihr
da ging sie, windzerzaust in Hosen
flachen Schuhn ungeschminkt angelehnt
auf dem Weg in die Berge, an die See
in die Grillbar, zurück ins Bett
das ist ein Weg um den Erdball oder ein Schritt
ich hätte tot umfalln müssen, dass du mich so ansiehst

Werde mir nicht zum Sandsack, Bruder
sonst werfe ich dich aus der Gondel
streue dich ins Meer des Vergessens oder Erinnerns
wo es Wellen schlägt nur, wenn ich kopfüber eintauch
und ruhig liegt, als sei es für den Mond gemacht, eben Meer
oder auch eine Wiese, da wächst Unkraut neben
der seltenen Heilfrucht
Schmachte nicht nach mir aus dem schlechten Gewissen der
Männer, die anzetteln, was sie selber zurückwirft
droh mir nicht mit deiner Fähigkeit zur Schwäche
ich bin schwach nur deinen gütigen Augen
fremden Schatten duckst du eher als mich
das einzige Mittel gegen meine Liebe zu dir bist du

Überlebe mich
wenn ich fortmuss, bleib bei unsern Dingen
Gegenständen nicht, tu fort
bleib nicht bei der Landschaft
noch bei den Büchern
wähl andre Lieder
aber bleib dir selber

Das Verlorene ist nicht aus der Welt
etwas grüßt dich, ein Name, ein Duft
jemand erzählt etwas
fast wie früher, du fehlst darin
aber so lange du lebst, ist alles möglich
der Zorn schwindet und die Unmöglichkeit
die Dinge kehrn zurück an ihren Ursprung
gehn aus deinem Leben
nicht aus der Welt
alles ist noch immer möglich

Wenn ich vor dir gehe
werde ich dich von der Wolke her grüßen
dich, nicht das Gras, ich
flüstre mit dir
jeder Baum zeigt ein andres Grün
das vorher zu bemerken
hat meine Zeit nicht gereicht
gib mir Nachricht
rede mit mir
es rettet immer
ich bin dann weniger fort

Träum mich noch einmal
noch einmal lass sein die
Schönheit des Ungeschehnen
alles noch vor uns und wir frei
von Schuld, aber ganz ohne Unschuld
nicht eine der Kostbarkeiten soll erlässlich
alles Wahre soll gewesen sein
aber versteh meine Trauer
der Regen fiel von oben nach unten
sogar bei uns

Ich weise zurück
die erstickende Umarmung
Vertraulichkeit, die mich trifft wie ein Schneeball
warte, gib mir einen Augenblick
nähere dich langsam
ich hab kein Wort jetzt, such Antwort, sing selber

Jungfrau bin ich nicht
komm auch nicht vom Boden der Meere
verspiel um dich nicht Füße nicht Beine
hoffentlich wird nicht auch aus mir
eine Wolke
die deine Stirn streift
eine Sehnsucht
die einer andern reift

In unsere offenen Wunden immer
das Salz der Trennung
auf den Bahnsteigen spür ich
mein Winterherz

Sesam schließe dich
die Zeit des Staunens über Schätze ist vorbei
wenn ich mich einschmuggle
ein letztes Mal
ohne mich glücklich zu fühlen
welch eine Qual
was nützt es, mit den Händen
in Smaragd, Perl, Achaten zu wühlen
ohne arglosen Hals, rosige Ohrn
auf mutlosen Händen sind Ringe verlorn
ich kannte das Losungswort
gehe fort, ohne Tränen zu vergießen
Sesam, es wird Zeit, zu schließen

Mir träumte du hättest gesagt halt dein maul
mir träumte ich wäre wieder ein kind
und ich hätte das auszuhalten mir träumte
du sagst halt dein maul und ich steh da
mir träumte ich stand da und zugleich
verließ ich dich hab ich dich verlassen
wirklich ich werde das tun wenn du es noch einmal sagst
und sei es in meinem traum
von ungefähr träumt man das nicht

       Ich weiß, wo du bist
       meine Worte erreichen dich
       ich höre dich nach mir fragen
       mehr können Lebende füreinander nicht tun

            Er sagt dir seine einfache Wahrheit
            Weil er mit dir lebt, glaubst du ihm nicht
            sondern suchst nach dem Grund, dass er
            dir was sagt, obwohl du doch
            mit ihm lebst und
            deine einfachen Wahrheiten
            versteckst
            einen Grund wird er schon haben
            denkst du und wartest ab

Jedem seinen eignen Gott
aber ich will Götter ohne Steinigung
ohne Rasierklinge im Kinderschoß
Götter will ich ohne Blutrausch, Blutrache
ohne Verbot von Lust und Leben
nach eignem Talent, Mann wie Frau
Götter, die ihren Dienern nicht erlauben
das Irdische zu horten in unüberschaubarem Reichtum
während sie uns ermahnen, hinzunehmen
was immer uns zugefügt wird von ganz oben
und aller Hierarchie, es anzunehmen
als Auferlegung, der Herrliches folgen wird
sobald wir erst tot sein werden

wir sind großartig
strotzen vor Lust und Einsicht
könnten das Feuer Prometheus gleich
noch einmal auf die Erde bringen
aber wem dort sollten wir es übergeben
der es nicht sofort teuer verhökert
wie sollten wir verhindern, dass er zündelt
wir müssen aufhören, alles zu machen
nur weil wir es können
die Erde ist so klein geworden
da lässt es sich nur als Nachbar leben
dann jeder mit seinem eigenen Gott
den er zu Liebe und Vernunft erziehen muss

Nun wird es Frühling
Wirklich, die Erde bricht auf
und lässt Krokusse ans Licht
Parmaveilchen hab ich schon gesehen
und die zartesten Schneeglocken auch

Wenn es nun Frühling wird
und das Grün fächert meine drei Bäume
muss da eine Schulter sein
wenigstens einen verwirrenden Abend lang
müssen da Angst und Mund sein
wenn ich die Blüte ertragen soll

Je älter ich werde
immer im Mai um ein Jahr
desto stärker trifft mich der Frühling
Kaum beachtet, als ich in ihm lebte
entdeckt er sich mir nun bestürzend
wenn da eine Schulter ist
wenigstens einen verwirrenden Abend lang

Begib dich aus deiner Tageshülle
all diese grauen Zellen ergeben noch kein Nest
unsre Nützlichkeit ist aufgebraucht
reden wir über uns, berühren wir uns
suchen wir nach keiner Antwort
lass uns schwelgen in Fragen
es gibt keine Sensation als sich noch zu lieben
komm, übertreiben wir uns
nachher essen wir im Bett große Kanten
und sagen uns die nackte Wahrheit

In der Nacht, als der Schnee fiel
war das Land für ihn bereit
für sein federleichtes Windspiel
jeder Weg lag bald verschneit

und beim sanftesten Fallen
schienen Wälder nebeldicht
und im Funkeln von Kristallen
wurde schimmernd jedes Licht

so kam Ruhe und Stille
hat sich auch auf mich gelegt
und ein größerer Wille
hat mein tiefes Herz bewegt

in der Nacht, als der Schnee fiel
war auch ich für ihn bereit
für sein federleichtes Windspiel
helles Licht in dunkler Zeit

so als wäre die Erde
einmal frei von zuviel Schuld
und in all dem Stirb und Werde
ohne alte Ungeduld

so kam Ruhe und Stille
hat sich auch auf mich gelegt
und ein größerer Wille
hat mein tiefes Herz bewegt

Nicht mehr gültig sagst du
das Versprechen der Mietvertrag
Abonnement Eintragung im Fernsprechbuch
das gemeinsame Testament
die Amtshandlung Ja im Hochzeitszimmer
mein Pass dein Name
geheime Rituale
den Maler bestellt
Kurantrag Doppelzimmer nicht mehr gültig
Ich wollte es uns so gemütlich machen
meine Jugend hab ich dir geopfert
die wär jetzt so und so um
was hättest du sonst mit ihr anfangen solln
nimm dich in acht, ich krall wie eine Zecke
packe aus während er einpackt
du hast mich nie geliebt
schrei ich am Boden süchtig nach Gemeinheit
um ihn ist die Aura neuer Liebe
alles andere nicht mehr gültig
für eine andere kann ich nichts bin schuldlos geschlagen
ich geh, sagst du, ich fühl mich nicht geliebt
find nicht mehr in dich, sagst du, kaum mich in mir
ich kündige dir auf, sagst du, wegen Ungültigkeit meiner
                                                        Würde vor dir
tausch mich ein gegen Weltproblem eins bis zehn
ich geh, sagst du, wo Gras noch, feines Haar, den Boden
                                                        deckt
nicht grobes Schilf, auf supersauberm Kissen liegt kein
                                                        Epizentrum mehr
keine Erwartung, die erste Kirsche löst mehr Lüste aus als du
ich stand da, das Dunkel, die Welle schlug hinter mir auf
es gibt keine andre
du wusstest doch, wie ich bin
gilt nicht mehr

An jenem Abend, der Damals heißt
hätten wir kein Gras zertreten
so war uns alles Lebendige teuer
des weißen Lakens achteten wir nicht
leicht lagen wir nackt leicht wieder zugedeckt
da gab es nichts zu lernen
ach, noch immer ist mir
du lägest mir bei, bewegungslos
obwohl die schöne Gier uns drängte, einzudringen
draußen lag Gefahr in der Luft
über uns wurde beschlossen
die Tränen galten der Erfahrung
was jetzt wächst ineinander, sich verschränkt, pulsiert in eins
das hat gelebt vor mir
und kann ab morgen leben ohne mich
aber an jenem Abend, der Damals heißt
haben wir das Licht übertroffen
wir waren gut genug, einander, jedes sich
ich wusste alles von mir und hab es ertragen
ich wusste alles von dir
aber jedes Zuviel endet unvollkommen
wie an jenem Abend, der Damals heißt

    Satt vor Glück
       war ich einen unvergessnen Augenblick
       seitdem hab ichs versucht
       auf Zehenspitzen
       geduckt ins Unterholz
       aber danach
       brachial oder demütig
       es fiel mir nicht mehr zu
       schwand langsam aus meinem Gesicht

Zeit ist
um niederzuknien
vor dem Geringsten und dem Größten
das sich durch mein Leben zog
Zeit, mich zu trösten

Es gibt noch den einen
mit dem ich gefährliche Strecken flog
gab neben ihm keinen

niederknien an einem Grab
vor dem ich was zu beichten hab
aus der Zeit, als ich
zwischen Spiegeln lief
Nachtigall und Lerche verschlief

ich dachte, wenn der Zirkusmann läutet
holt er mich ab
in die Welt, oder dass er sie bedeutet

Abbitte tun ohne Eitelkeiten
ohne Verweis auf schwierige Zeiten
blutende Zeh'n warn auch da nicht zu sehn
abgelaufene Sohln
kann sich eine auch beim Walzer holn

ich habe mich nicht geschont
das hat und hat sich nicht gelohnt

Der Himmel scheint noch blau, noch breit
ich kann noch vieles beenden
zum Glück bleibt mir ein Streifen Zeit
nichts geht unbesehn aus den Händen

ich hab vielleicht nicht viel erreicht
mal wars zu schwer, mal wars zu leicht
die nächsten Schritte sind zu gehn
ohne mich angstvoll umzusehn
ich hab noch Sehnsucht, die nichts anderm gleicht

der Himmel zieht sich manchmal zu
verbirgt seine Höhen und Tiefe
ach, dass ich nicht genauso tu
wen denn nach Erlösung riefe

ich bin schon so lange auf Erden
und weiß, nichts bleibt so, wie es ist
in allem Vergehn ist grad so viel Werden
in aller Fülle wird etwas vermisst

und all meine Lieder
haben vielfarbige Gefieder
erzähln von dünnem
und unzerbrechlichem Glas
und immer von Liebe
also glaube ich das

Es hat uns gegeben
Wir haben gelebt mitten unter euch
haben uns euch zugewandt
die ihr gehört habt und nicht gehört
je nach den Zeiten
wir haben uns geliebt und euch in uns
und lagen als zwei Scheite im selben Feuer
warn sesshaft gewordne Zigeuner
die aufbrechen wollten dem morgendlichen Himmel
                                                                 entgegen
da es zu spät war, nahmen wir den nächtigen als Verheißung
wir warn sesshaft und sind weitergezogen
als niemand es mehr dachte
Wir haben gelebt mitten unter euch
Spät erst erkannten wir in den Augen des andern
das gleiche Lachen
der Anfang war uns da schon fern und wohl auch Bittres
                                                                 um den
Mund, der sich zuweilen ungewollt nach unten bog
Unter allem Geröll aber vermuteten wir jenes einzige
wider den Durst
wir suchten und da war Welle, war Quell, der hätte für lange
                                                                 gereicht
Wenn die Musik abbricht
werd ich die Steine zum alten Platz tragen wolln
trauernd wird er sich wenden, verstumme ich zuerst
aber siehe doch, siehe
da ist es schon Strömen, das die Steine nicht decken
Strom auf dem Weg zum Meer
in dem eins das andre erwartet
Wir haben gelebt mitten unter euch und haben uns geliebt,
waren Arboretum, in dem alles wächst, sich auftut
allen und Geheimnis bleibt

Inhaltsverzeichnis

Die Schönste bin ich nicht   5
Es gibt Magnolienbäume   6
Telegramm an mich   6
Eine Stunde Warten   7
Da stand am Alex noch der Georgenkirchplatz   8
Nachts liege ich nackt unterm wechselnden Mond   9
Am ersten Morgen hab ich dir gesagt   10
Gestritten, gehofft, getanzt   11
In jedem Moment   12
Fallen   12
Ein altes Lied erzählt   13
Das ist so lange her   13
Ich muss erst gehen lernen wieder   14
Im Wasser liegt ein Stein   15
Ich lege mich nieder   16
Während ich die Tränen   17
Damit fing es an, und damit hört es auf: 18
Stießen die Vögel   19
Nichts ist so bitter wie nicht geliebt zu sein   20
Zurückgekehrt bin ich zu einem   21
Bleib wo du bist   22
Wär ich auf dem blauen Bild von Chagall   23
Das war damals   23
Vorbei   24
Hol dir ein Glas   24
War Dämmern oder Helle in der Straße   25
Ich treffe den, der mich geliebt hat über Jahre   26
Ich hab ihr nicht wehtun wolln   27
Das mit uns   28
Du hast eine Chance für Glück   29

Noch eine Neugier 29
Hab keine Angst vor mir 30
Einmal überfiel mich die Trauer 31
Ich leugne die angefaulten Äpfel 31
Die leeren Bäume 32
Vor deiner Liebe lauf ich 32
Woran wird man sich erinnern 33
Komm 34
Manchmal schon 35
Diese Sekunde 35
Einmal möchte ich wie damals 36
Wo warst du 37
In den Nächten spinnen Lichter 38
Als hätte man dich auf meine Fährte gesetzt 39
Ich brauche Wasser 40
Ehe er sich das Mobiliar unter den Nagel riss 41
Mir ist viel widerfahren 41
All dies Verzeih und Habverständnis 42
Und von alter Trauer 42
Wir lagen unter einer Decke 43
Nun gib mich auf 44
Er verließ mich vor dem Morgen 45
Vorübergehend schweigen die Dinge 46
Verzeihung 47
Die lange Dauer der Hoffnung 47
Er hat in meinem außergerichtlich 48
Welch eine bittere Landschaft 49
Mach mich los 50
Nun ist es schon so viele Jahre her 51
Was ich mir nie verzeih 52
Er hat die Wände neu bemalt 53
Alles erinnert 53
Als ich vor zwanzig Jahrn heimging von dem 54
Ach, die Heldentaten 55

Was ich versäumt hab   56
Liebe, verlorne   57
Von deinen Augen aus   57
Ach Schwester Schwester   58
Würde mich einer lieben   59
Oft lasse ich   60
Zufällig   61
Mit Weiberhänden   62
Um Mitternacht meist   63
Du bist schön geworden in unserer Liebe   63
Hol mir aus diesen herbstlichen Lüften   64
Ich habe einen Mann   64
Ich sage, du bist schön, lieber Mann   65
Wenn du achtlos bist   66
In dunkle Angst geführt   67
Frei von Liebe   68
Als du gehen wolltest   69
Nur eine Stunde jeden Tag   70
Freundin   70
Die ersten Schritte auf dem Seil   71
Ich liebe, dass du nicht mutiger bist als ich   71
Liebe Tochter   72
Ich schlief den Rest   73
Ich hab die Worte wieder   74
Wie weh ich dir tu   74
Liebe, schönes All   75
Niemand hat mich berührt   75
Auf der Straße   76
Heute bin ich nicht gut   77
Gott oder Mama   77
Der große Baum   78
Liebe   78
Männer schwindeln nicht, achwo   79
Eine weiße Perle reih ich ein   80

Geliebter 80
Ich verknotete Person 81
Das Ohr folgt den Geräuschen 81
Versprochen hast du mir 81
Als er damals fragte 82
Die Pappeln 83
Hast du nicht einen Frühling für mich 83
Ich wage nicht mehr zu atmen 84
Alleinsein, sagst du 84
Deine Augen sind die Stille 85
Manchmal wolln wir einander sein 86
Zwischen deinen Händen fällt von mir 86
Keine gesicherte Ewigkeit 86
Liebe geht nur 87
Der Tod schlägt nicht immer 87
Wenn ich aussähe, wie ich liebe 88
Dreißig Jahre haben nicht ausgelöscht 90
Als wir uns 90
«Als ich» und «falls ich» 90
In der Mitte meines Herzens 91
Als wir lagen endlich 91
Da hat auf der Erde nichts andres gezählt 92
Ich bin einsam 92
Die Liebe sei kein Haus 92
Sei gut zu mir 93
Eines Tages werde ich eine Katze haben 94
Den ich liebe 96
Wenn wir uns lieben 96
Umarme sie 97
Die Erde nimmt den Winter hin 98
Ich hab alles angeboten 98
Du bist die Spitze des Eisbergs 99
Warum nimmst du mir meinen Bauern weg 100
Das soll ein Tag sein? 101

Diesen Satz von mir 101
Lass mich nicht untergehn in meiner Liebe 102
Umdrehn hätt ich mich solln 102
Wenn wir uns verkrachen 102
Die Nacht hat vier Augen 103
Und immer danach 104
Wenn zuviel ist von draußen 105
Es war mein Mantel 106
Werde mir nicht zum Sandsack, Bruder 107
Überlebe mich 107
Das Verlorene ist nicht aus der Welt 108
Wenn ich vor dir gehe 108
Träum mich noch einmal 109
Ich weise zurück 109
Jungfrau bin ich nicht 110
In unsere offenen Wunden 110
Sesam schließe dich 111
Mir träumte du hättest gesagt halt dein maul 112
Ich weiß, wo du bist 112
Er sagt dir seine einfache Wahrheit 112
Jedem seinen eignen Gott 113
Nun wird es Frühling 114
Begib dich aus deiner Tageshülle 115
In der Nacht, als der Schnee fiel 116
Nicht mehr gültig sagst du 117
An jenem Abend, der Damals heißt 118
Satt vor Glück 118
Zeit ist 119
Der Himmel scheint noch blau, noch breit 120
Es hat uns gegeben 121

ISBN 978-3-355-01756-5

© 2009 Verlag Neues Leben, Berlin
Umschlaggestaltung: Buchgut, Berlin
unter Verwendung eines Fotos von klikk (fotolia)
Druck und Bindung: CPI Moravia Books GmbH

Ein Verlagsverzeichnis schicken wir Ihnen gern:
Neues Leben Verlagsgesellschaft mbH & Co. KG
Neue Grünstr. 18, 10179 Berlin
Tel. 01805/30 99 99

(0,14 Euro/min. aus dem deutschen Festnetz,
abweichende Preise für Mobilfunkteilnehmer)

Die Bücher des Verlags Neues Leben
erscheinen in der Eulenspiegel Verlagsgruppe.

www.verlag-neues-leben.de